Titel:

50 moderne Texte für Vorsprechen und Castings

AF176024

Vorwort

Hallo zusammen.

Ich heiße Nesa Krasniqi, bin 2002 geboren und komme aus der Nähe von Bietigheim bei Stuttgart. Meine

beiden Eltern kommen aus dem Kosovo.

Ich bin „albanisch" aufgewachsen und war daher im Deutschunterricht schriftlich sehr schwach.

Ich erinnere mich noch sehr gut daran, dass ich in der 3. Klasse bei einem Aufsatz meiner Fantasie nicht wirklich freien Lauf lassen konnte, weil ich nicht wusste, wie ich mich richtig ausdrücken soll.
In meinem Kopf schwammen so viele Ideen und ich war nicht in der Lage, diese aufs Blatt zu bringen, weil ich Angst hatte, grammatikalische Fehler einzubauen.
Also musste ich aus den Wörtern, von denen ich mir sicher war, ich würde sie richtig schreiben, einen Text basteln.

Es war so demotivierend, mich so in meiner Kreativität einschränken zu müssen. Deshalb entschied ich mich in der 4. Klasse für einen SFK-Kurs, der mir dabei geholfen hat, in der Grammatik sicherer zu werden.

Bis dahin hatte ich nur Spaß am Kunstunterricht.

Je stärker ich in Wort und Schrift wurde, desto mehr Freude bereitete mir der Deutschunterricht. Es war

schon immer die Kunst, die mich interessierte, ganz egal in welcher Form.

Ich bin ehrlich, ein „Standard-Job" würde für mich nicht in Frage kommen.

Mein Interesse galt jeder Form der Kunst. Jetzt bin ich Schauspielerin, Autorin und Tänzerin.
Mit 9 Jahren begann ich mit dem Tanzen im Karnevalsverein. Der größte Spaß dabei lag darin, den Zuschauern immer eine tolle Show zu liefern. Entwicklung ist mir immer wichtig. Deswegen tanze ich auch noch Hip-Hop und Contemporary.
Ich verstehe immer mehr, worum es im Tanzen tatsächlich geht, und habe so die Möglichkeit, mein künstlerisches Ich immer weiter zu entwickeln.
Insgesamt habe ich 4-mal die Woche Training. Einmal davon trainiere ich die „Jugendgarde" aus unserem Verein.

Schauspielerin bin ich geworden, weil es einfach werden wollte. Autorin, weil es mir extrem leicht fällt, aus der Sicht einer anderen Person zu schreiben.

Diese 50 Monologe habe ich in kürzester Zeit geschrieben. Viele Texte spiegeln meine Gedanken wider. Manches habe ich abgewandelt, manches überraschte mich, hauptsächlich ging es aber darum, aus der Sicht einer anderen Person zu schreiben und nicht nur aus meiner eigenen.

Auf der Suche nach Monologen stößt man häufig auf die gleichen Texte/Bücher. Auch auf den Castings sieht und hört man meistens nur dieselben Rollen.

Genau das war meine Motivation für dieses Buch.
Meine Monologe sind nicht nur für Vorsprechen und Castings gedacht, sondern lassen sich auch sehr gut und kreativ für Kurzfilme und Demos umsetzen.

Monologe von dramatisch bis humorvoll, von „deep" bis neutral und natürlich dürfen meine „Fantasy"-Texte nicht fehlen.

Ich wünsche euch viel Spaß mit der kreativen Umsetzung meiner Texte.
Wer Lust hat, kann mir gerne sein Endergebnis zusenden: nesasmonologe@gmail.com

Das würde mich sehr freuen.

Eure Nesa

Inhaltsverzeichnis:

Meerjungfrauen

Glaubt ihr eigentlich an ... na ja, ihr wisst schon ...

Meerjungfrauen und so weiter? ich weiß, ich weiß, es klingt

verrückt, aber es kann doch möglich sein.

Ich kann mir nicht vorstellen, dass irgendein Mensch einfach so auf die Idee kam, einen Menschen und einen Fisch zu verbinden. Da hat jemand bestimmt mal eine Meerjungfrau gesehen und sie gezeichnet und so entstand dieses Fabelwesen, das bestimmt nicht nur ein Fabelwesen ist.

Wieso sollte es denn alles hier

geben, aber nicht unter Wasser? Es

gibt Tiere auf dem Land, es gibt

Tiere im Wasser.

Es gibt Pflanzen auf dem Land, es

gibt Pflanzen im Wasser. Wieso

sollte es dann nicht Menschen im

Wasser geben?

Vielleicht kommunizieren die nicht so wie wir, sondern verständigen sich anders. Das kann doch gut möglich sein.

Sie wohnen bestimmt ganz tief und können in der Dunkelheit trotzdem klar sehen, weil sie es so gewohnt sind und sich so angepasst haben.

Es wurden sowieso über 80 % des Meeres noch nicht erforscht. Es gibt da unten jetzt schon viel, aber es sind trotzdem nur diese 20 %, die uns bekannt sind. Und da unten gibt es sicher viel mehr, als wir uns nur vorstellen können.

Vielleicht gibt es ja von uns noch eine Person,

die unter Wasser lebt, einen Meerjungfrauen-

Doppelgänger.

Oder vielleicht bin ich ja selber eine Meerjungfrau und muss nur noch herausfinden, wie das geht ...

Regieanweisung:

Weiblich: Sabrina

Mit Tieren sprechen

Mir glaubt keiner, dass ich mit Tieren sprechen kann.

Ich meine das ernst. Ich kann mit Tieren sprechen. Ich sage etwas, sie verstehen mich und sie antworten mir.

Natürlich reden sie nicht, aber ich höre trotzdem, was sie sagen.

Sie sprechen sogar in klaren Sätzen zu mir. Außenstehende verstehen das nicht.

Aber ihr müsst mir glauben:

Ich kann mit Tieren wirklich sprechen. Ich spreche sogar lieber mit Tieren als mit Menschen. Ich verstehe sie und sie verstehen mich.

Als würden wir uns gegenseitig in die Seelen blicken.

Das kann ich bei Menschen nicht. Die sind immer so verschlossen, aber Tiere schalten sich frei, ich kann die helle Seele spüren und dann geht alles von alleine.

Vertrauen ist da und wir unterhalten uns auf

einer anderen Ebene. Man muss es sich wie

Gedankenübertragung vorstellen.

Ich höre die Sätze in meinen Gedanken. Es fühlt

sich sogar viel näher an, als wenn ich ganz

normal mit Leuten spreche oder die Tiere ihre

ganz natürlichen Laute von sich geben.Cool

oder?

Regieanweisung:

weiblich: Aurora

männlich: Ardian

Zaubern lernen

Wie gerne ich Zaubern lernen würde. Aber so wirklich dieses typische Zaubern.
Ich könnte mir kurz Geld herzaubern, nur gute Menschen herzaubern, schlechte Menschen verwandeln in gute Menschen.

Menschen mit Krankheiten heilen,

indem ich sie gesund zaubere. Ich

könnte mir und anderen jeden Wunsch

erfüllen.

Vielleicht wäre es aber cooler, wenn ich nur reduziert zaubern könnte.

Also zum Beispiel innerhalb von 5 Monaten nur 2-mal. Sonst wäre das Leben ja zu einfach. Voll langweilig.

Ich müsste also ganz genau überlegen, wofür ich meine Zauberkraft aufheben möchte.

So würde das Zaubern noch besonders bleiben und mein Leben wäre nicht zu einfach.

Vielleicht würde man mich auch mal belohnen, wenn ich die Zauberkraft für andere Menschen, also für gute Zwecke verwenden würde.

Vielleicht dürfte ich dann mal zur Belohnung einen ganzen Tag so viel zaubern, wie ich

will. Krass, worauf man alles kommt, wenn man nachdenklich ist.

Regieanweisung:

weiblich: Charmaine

männlich: Nuredin

Geister sehen?

Was ist, wenn wir, sobald wir alleine sind, Geister sehen können?

Ich meine, wenn wir unterwegs sind.

Vielleicht warte ich an der Bushaltestelle und der Typ im blauen T-Shirt da hinten ist vor 1000 Jahren mal gestorben.

Ein Geist, den ich sehen kann.

Den wir alle vielleicht sehen können, aber wir wissen nicht, dass er tot ist, sondern denken, er wäre ein ganz Normaler, wie du und ich auch.

Boah oder kennt ihr das, wenn ihr zu eurer Mutter sagt, dass ihr rausgeht, und später kommt ihr heim und sie fragt, wo ihr wart und wieso ihr nicht Bescheid gegeben habt.

Vielleicht hab ich ja gar nicht IHR Bescheid gegeben, sondern einem Geist, der genauso aussah wie sie.

Vielleicht ist meine Mutter dann gar nicht vergesslich, sondern ich kann mit Geistern sprechen.

Vielleicht sprechen wir ja oft mit Geistern und merken das einfach nur nicht.

Regieanweisung:

weiblich: Kira

männlich: Biran

Parallel-Universum

Ich bin mir so sicher, dass wir in diesem Universum nicht alleine sind.

Vielleicht gibt es hier irgendwo Welten, wo die Menschen noch ziemlich am Anfang ihrer Entwicklung sind.

Steinzeitmenschen, die noch da sind, wo wir auch vor ganz vielen Jahren waren.

Vielleicht gibt es auch Planeten, die noch weiter hinten sind. Planeten mitDinos.

Möglicherweise gibt es auch Planeten mit Menschen, die schon viel weiter entwickelt sind, als wir es sind.

Also Menschen, die schon in der Zukunft leben. Aber wieso finden diese uns nicht? Oder haben sie uns schon längst gefunden und beobachten uns?

Es macht mir schon ein wenig Angst zu wissen, dass wir hier

nicht alleine sind. Aber der Gedanke, hier ganz alleine zu sein,

macht mir ebenfalls Angst.

Die Unwissenheit macht mir Angst. Ich will wissen, was hier abgeht. Ich habe so viele Fragen, aber keine einzige Antwort.

Regieanweisung:

weiblich: Daria

männlich: Nick

Feen

Mann!

Habt ihr früher auch immer geglaubt, dass oberhalb des Himmels Lebewesen leben, die für das Wetter zuständig sind?

Oder Feen, die sich um die Natur kümmern?

Ich hab mir immer vorgestellt, dass diese „Feen" die Tiere auf den Winterschlaf vorbereiten, die Bienen beim Honigverarbeiten unterstützen und es im Winter schneien lassen.

Im Sommer würden sie die Schmetterlingsflügel bunt lackieren und mit Feenstaub bestreuen, damit sie noch besser fliegen können.

Außerdem würden sie die Blumen zum Blühen bringen und ab und zu, wenn's zu trocken wäre, es regnen lassen, damit die Pflanzen auch genug Wasser bekommen.

Die Welt wäre so viel

bunter, wenn das

Realität wäre.

Regieanweisung:

Weiblich:: Nazli

männlich: Fabian

Das Leben – ein Film?

Früher dachte ich immer,

dass ich in einem Film mitspiele.

Ich dachte, dass irgendwo in meinem Haus Kameras aufgestellt sind und mich aufnehmen müssen und das dann irgendwo auf der Welt ausgestrahlt wird und die Leute mir dabei zusehen.

Das war ein Gedanke, der aus dem Nichts kam, und es war für mich automatisch richtig.

Ich wollte dann extra cool wirken und hab auch für mich entschieden, dass im Badezimmer keine Kameras sein werden, weil das dann doch zu privat wäre.

Ich hatte diese eine Theorie und sie hat sofort gestimmt.

Wenn ich so überlege, ist das alles gar nicht so weit hergeholt

von uns. Menschen stellen eine Theorie auf und gehen sofort

davon aus, dass es stimmt.

Manche sind noch so stur und stecken ihren Kopf in den Sand und wollen gar nicht die Wahrheit hören. Es ist sowieso alles falsch, was die anderen sagen. Nur das, was man selber sagt, stimmt. Geeeeenaaaaauuuu.

Regieanweisung:

weiblich: Laura

männlich: Tommy

Wie ein Tier fühlen

Ich will unbedingt wissen, wie es sich anfühlt, ein Tier zu sein.

Einfach mal aus der Perspektive eines Tieres aufwachen und dann herausfinden, wie es

so ist. Ich will wissen, wie sie hören, wie sie riechen, wie sie sehen, wie sie fühlen.

Manchmal will ich sogar wissen, wie es sich anfühlt, eine Pflanze zu sein.

Ich will's einfach herausfinden, ich will dieses Gefühl so sehr spüren, dass ich es nicht in Worte fassen kann.

Und ja, manchmal will ich auch ein Junge sein, aber ich denke, das ist normal.

Jedes Mädchen wäre gerne für einen Tag ein Junge. Einfach nur, um herauszufinden, wie es so ist.

Ich könnte einfach im Stehen pissen gehen und müsste nicht warten, bis ich endlich zuhause bin. Ein Traum.

Einfach nur ein Traum.

Wenn ich ein Tier wäre, könnte ich auch einfach überall hinmachen.

Und wenn ich eine Pflanze wäre, keine Ahnung.

Gehen Pflanzen aufs Klo?

Regieanweisung:

weiblich: Desideria

Frau angerempelt

Heute bin ich ganz normal auf dem Weg zu 'ner Freundin durch den Bahnhof gelaufen und ihr müsst mir glauben, alles war perfekt. Ihr müsst euch vorstellen, ich laufe ganz entspannt durch den Bahnhof, so tack, tack, tack, tack, Kopfhörer drin, Musik an, bin voll in meinem Film UND AUF EINMAL rempelt mich eine Frau an. Einfach so. Ich weiß nicht, wo ihre Augen zu dem Zeitpunkt waren, aber ANSCHEINEND WAREN SIE WEG, WEIL SIE JA NICHT GERADE GUT DARIN WAR, MICH ALS HINDERNIS ZU ERKENNEN.

Selbstverständlich hat sie sich entschuldigt. „Tschuldigung", hat sie gesagt. Hhhh, mehr nicht. Einfach nur „Tschuldigung". SIE HAT SICH NICHT MAL DIE MÜHE GEMACHT, ES RICHTIG AUSZUSPRECHEN.

Gegen mich laufen konnte sie. Das war natürlich kein Problem, aber Ent•schul•di•gung• richtig auszusprechen, war ihr dann doch zu viel, was?

Manche Menschen müssen echt mal ihr Hirn einschalten.

Regieanweisung:

weiblich: Lorena

männlich: Christian

Termin vereinbaren

Bin ich wirklich die einzige Person auf dieser Welt, die sich voll die Gedanken macht, bevor sie irgendwo anruft?

Ich bin einfach viel zu inkompetent, um mit fremden Personen zu sprechen.

Mann, es muss nur ein Anruf beim Hausarzt sein und ich bereite mich mindestens 20 Minuten darauf vor.

Manchmal nehme ich sogar meinen Block und schreibe die Sätze drauf, die ich sagen möchte, wenn die Frau vom Empfang anfängt zu sprechen.

• Hallo, ich bin Luca und ich würde gerne einen Termin machen.

• Hallo, ich bin Luca und ich würde gerne einen Termin machen.

• Hallo, ich bin Luca und ich würde gerne einen Termin machen.

• Und am Ende sage ich:

Hallo, ich bin Termin und ich würde gerne einen

Luca machen. Fuck! Nicht mal diese eine

Aufgabe kriege ich hin.

Regieanweisung:

(w/m): Luca

Unnötige Werbung

Kann mir mal jemand verraten,

welcher Mensch diese ganzen Werbungen im TV wirklich ernst nimmt?

Als ob jemand eine Werbung sieht und wirklich aufspringt und „OMGGG, DAS WERDE ICH MIR KAUFEN!" schreit.

Kein Mensch schaut sich noch diese Werbungen wirklich an.

Sie sind einfach unnötig da und verschwenden unsere Lebenszeit.

Würden die statt Werbespots einfach nur Musik spielen oder irgendwas kurzes Unterhaltsames zeigen, wäre alles cool.

Die Welt hat sich doch weitergedreht, wir brauchen diesen Schrott mit „hier und da Werbung" doch gar nicht mehr.

Vor allem sind die Werbungen immer so extrem schlecht gemacht.

Komplett unrealistisch und übertrieben. Das nervt doch dann nur noch und zieht überhaupt nicht an.

Regieanweisung:

weiblich: Maja

mänlich: Max

Fettes Auto fahren

Ich will doch einfach nur so ein richtig fettes Auto fahren.
Ein Auto, das nicht mit Benzin fahren muss, sondern mit Wasserstoff.

Keinen Bock, dass ich dann wegen dem Umweltschutz noch mein Auto irgendwann

abgebenmuss. Also muss ich alles von Anfang an richtig machen.

Felgen in Gold.

Von außen matt schwarz lackiert und

innen muss alles hell sein. Und dann kann

ich machen, was ich will.

Ich kann hinfahren, wohin ich will. Ich

kann parken, wo ich will.

Ich kann mir aussuchen, mit wem

ich befreundet sein möchte. Mir

stehen alle Türen offen.

Wer so ein Auto fährt, der hat doch

schon gewonnen.

Der bekommt auch

jeden Job.

Und das bedeutet mehr Geld.

Mehr Geld ist gleich mehr Autos.

Boah. Ich wäre ja mit einem Wagen zufrieden. Aber wer zehn Autos in seiner Einfahrt parkt, ist automatisch der mächtigste Mensch.

Regieanweisung:

männlich: Kevin

Neue Nachbarn

Seit zwei Monaten ca. habe ich neue Nachbarn und ich habe sie bis jetzt noch kein einziges Mal gesehen. Meine Mutter erzählt immer davon, wie freundlich die neue Nachbarin und ihr Sohn seien.

Wenn sie doch so freundlich sind, wieso kommen sie mich dann nicht begrüßen? Ich mein, andersrum könnte man das Gleiche über mich sagen, aber ich habe nie behauptet freundlich zu sein.

Ich hoffe nur, dass dieser Sohn gut aussieht. Ob er nett ist oder nicht, spielt doch überhaupt keine Rolle.

Er soll einfach nur gut aussehen, damit ich ihn nachts durch sein Fenster beobachten kann und mich dann irgendwie per Zufall mit ihm anfreunde und wir dann gemeinsam zur Tankstelle laufen können, um uns 'ne Flasche Whisky oder was Härteres zu besorgen.

Tja und dann wären meine nächsten Sommerferien auch schon gerettet.

Na ja, und wenn er nicht gut aussieht, dann kann man ja trotzdem schauen, wie er drauf ist, aber gutes Aussehen wäre schon mal ein geiler Start.

Regieanweisung:

weiblich: Alexa

männlich: Alex

Fahrerflucht

Ich habe vorhin Fahrerflucht begangen. Ich fang am besten ganz von vorne an.
Ich musste noch schnell was im Drogeriemarkt einkaufen, hab mir ein neues Shampoo gekauft mit Lavendelöl und eine Handseife, die genau wie damals die Seife vom Schullandheim in der 7. Klasse riecht.

Na gut, ich komme zum Punkt:

Ich laufe ganz normal zu meinem Auto, gehe rein, schnalle mich vorbildlich an, musste nochmal meinen Innenspiegel ein bisschen korrigieren, damit ich auch wirklich perfekt alles sehen kann, und dann ging's los.

Ich bin ganz normal rückwärts ausgeparkt, fahre weiter Richtung Ausgang und streife so ein dummes grünes Auto, das da einfach richtig dumm geparkt hat.

Es war nur ganz leicht, ich bin sofort ausgestiegen, und man konnte weder Kratzer am grünen Auto noch an meinem Auto erkennen.

Hab dann nach links und rechts geguckt und da war keiner.

Kameras habe ich auch nicht gesehen, also bin ich ganz schnell wieder ins Auto gestiegen und bin unauffällig weitergefahren.

Regieanweisung:

weiblich: Samira

männlich: Samuel

Lebens-Update

Kleines Update zu meinem Leben:

Es ist einfach noch langweiliger geworden, als es

schon gestern war. Ich bin einfach uninteressant.

Es gibt nichts, was mir Spaß macht oder wo ich mich in ein paar

Jahren sehen könnte. Ich will einfach reich sein, ohne etwas dafür

tun zu müssen.

Ich hab weder Hobbys, die ich zum Beruf machen könnte, noch irgendwelche

Traumberufe. Ich will einfach chillen. Nichts machen.

Mich nicht anstrengen müssen.

Da gibt es Menschen in meinem Alter, die spielen Instrumente, gehen ins Fitnessstudio, tanzen, spielen Fußball oder Basketball, und dann gibt es mich.

Ich mache nichts.

Sogar Menschen, die freiwillig irgendwelche komischen Bücher lesen, sind interessanter.

Ich bin einfach hier, gehe ab und zu auf Partys, aber auch nicht zu oft und schaue sonst

Netflix. Meine Noten sind nicht scheiße, aber für die Schule mache ich trotzdem nichts.

Spannend, oder?

Regieanweisung:

weiblich: Larissa

männlich: Lars

Vollidioten überall

Besonders mag ich ja die Menschen, die bei jeder Kleinigkeit ausrasten.

Du läufst ganz normal an Leuten vorbei und dann hörst du nur von links: „WAS DENN?" oder „Warum guckst du so??"

JA, JOHANNA, ICH HAB DICH TATSÄCHLICH WAHRGENOMMEN UND FÜR EINE SEKUNDE ANGESCHAUT, MACH DICH NICHT WICHTIGER, ALS DU ES IN WIRKLICHKEIT BIST.

Und wenn man dann zurückschießt, sind sie schockiert und sagen nichts.

Vielleicht einmal im Leben normal sein und fremde Menschen einfach in Ruhe lassen, auch wenn sie dich für eine kurze Sekunde angeschaut haben.

Vielleicht finden sie dich ja hübsch, aber selbst, wenn sie dich hässlich finden, was willst du machen?

Sollen die sich kurz die Augäpfel rausnehmen, damit du dich nicht bedroht fühlst, oder wie sieht's aus?

Und selber haben sie dich auch angeschaut, sonst wüssten sie ja nicht, dass du sie angeschaut hast.

Vollidioten!

Regieanweisung:

weiblich: Ashley

männlich: Louis

Familienmensch

Früher dachte ich immer, ich wäre voll der Familienmensch. Ihr wisst schon. Familie an erster Stelle, nichts geht über Familie, Familie über alles.

Aber so bin ich nicht.

Im Prinzip bin ich doch nicht verpflichtet, meine Familie über alles zu stellen. Jaja, klar, man wächst miteinander auf, sie wissen, wie du wirklich bist, aber wenn es hart auf hart kommt, habe ich mir meine Familie nicht ausgesucht. Das klingt echt hässlich, aber es ist ein Fakt.

Meine Freunde hingegen kann ich mir schon aussuchen. Ich lerne sie kennen, und wenn alles passt, bleibt man beieinander. Wenn nicht, trennt man sich. Ist doch völlig natürlich.

Man darf mich nicht falsch verstehen, ich habe nichts gegen meine Familie, aber ich liebe meine Freunde mindestens genauso, und es wäre auch nicht falsch, wenn ich die eine oder andere Person sogar mehr mag als das eine Familienmitglied, mit dem ich einfach nicht viel verbinde.

Regieanweisung:

weiblich: Zoey

männlich: Junaj

Nach dem Tod?

Was ist eigentlich nach dem Tod? Da kann doch nicht nichts sein. Ich mein, Menschen finden alles heraus. Sogar den Zeitpunkt vor der Geburt. Nur das, was nach dem Tod passiert, haben sie noch nicht herausgefunden.

Wie auch? Es ist praktisch unmöglich, aber es muss auch einen Grund geben, wieso wir Menschen das nicht wissen dürfen.
Da muss was sein.

Mein Leben jetzt wäre ja dann komplett hoffnungslos. Im Prinzip sollte ich nur noch die Dinge tun, auf die ich Bock hab. So gut wie möglich. Ich mein, dieses Leben, das ich jetzt habe, werde ich sowieso nie wieder führen. Dann kann ich ja wohl selber bestimmen, was ich tun und lassen will. Und die Hoffnung kann ja trotzdem da sein, dass nach dem Tod keine Stille ist, sondern irgendwas anderes. Das kennen wir in dieser Form bestimmt nicht.

Ich hoffe, ich bin nicht die einzige Person, die so oft und intensiv über dieses Themanachdenkt. Regieanweisung:

weiblich: Amélie

männlich: Patrice

Stellt euch mal vor

Stellt euch mal vor, ihr wacht plötzlich auf und ihr seid 5, 6, 7, vielleicht auch 8 Jahre alt und seid einfach nur auf dem Sofa eingeschlafen, weil auf Kika „Bernd das Brot" lief und diese Sendung einfach nur todlangweilig war.

Jedenfalls wacht ihr auf und realisiert, dass alles nur ein Traum war.

Keine Rechnungen, keine Termine, nichts, an das ihr denken müsst. Ihr könnt einfach entspannt weiterschlafen, weil ihr nichts habt, woran ihr arbeiten müsst.

Vielleicht ist die Vorstellung für euch befreiend, vielleicht ist sie aber auch das Gegenteil. Ihr entscheidet es unterbewusst.

Ist die Vorstellung für euch NICHT befreiend, dann müsst ihr mit eurem jetzigen Leben ziemlich glücklich sein. Oder hattet einfach nur eine schwere Vergangenheit, an die ihr nicht denken wollt, und seid glücklich, endlich erwachsen und unabhängig von anderen Personen zu sein.

Ist die Vorstellung für euch befreiend, dann stimmt möglicherweise irgendwas nicht. Ich meine, an eurem Alltag. Dann seid ihr wahrscheinlich nicht zufrieden und tut nicht das, was ihr schon immer tun wolltet.

Dann solltet ihr jetzt überlegen, ob ihr wirklich so weiterleben wollt und nur noch von der Kindheit träumen möchtet.

Das Leben ist nicht einfach, aber es liegt irgendwo schon in eurer eigenen Hand, was ihr damit machen wollt.

Regieanweisung:

weiblich: Luisa

männlich: Felix

Müll auf den Straßen

Ich verstehe diese Menschen, die ihren Müll auf den Straßen hinterlassen, nicht.

Wie dumm muss man denn sein, um etwas einfach auf den Boden zu schmeißen, im Wissen, dass es doch sowieso der Müllmann wegräumen wird.

An jeder Ecke steht ein Mülleimer und diese hirnlosen Vollidioten schaffen es nicht, die Verpackungen bis zum nächsten Mülleimer zu halten.

Sie müssen doch sowieso dran vorbeilaufen und sterben werden sie doch auch nicht, wenn sie kurz 50 Gramm mehr schleppen müssen.

Man sollte einfach eine hohe Strafe einführen. Ganz klar:
Wer den Müll einfach auf den Boden schmeißt, zahlt 500 €, wenn er erwischt wird. Mal sehen, wer 500 € freiwillig für Müll zahlen will.

So würde es wenigstens sauber bleiben auf den Straßen. Und die Menschen würden Anstand lernen.

Regieanweisung:

weiblich: Tina

männlich: Tim

Der Teufel will handeln

Was würdet ihr machen,

wenn auf einmal der Teufel vor euch stehen würde?

Er würde mit euch

reden.

Euch zeigen, wie eure

Zukunft aussehen

könnte, wenn ihr ihm

vertraut. Reichtum und

Erfolg werden euch

versprochen.

Villen, Privatjets,

Partys. Sieht nach

Spaß aus.

Ihr sollt dem Teufel eure Seele versprechen und dafür macht er in diesem Leben alles, was ihr wollt, und nach dem Leben gehört ihr ihm und tut, was er wollt.

Würdet ihr mitmachen?

Oder ist euer Leben doch nicht so beschissen, wie ihr

immer behauptet? Seid ihr der Meinung, dass eure

Seele wertvoller ist als der ganze Ruhm? Oder würdet

ihr für ein erfolgreiches Leben hier alles geben?

Regieanweisung:

weiblich: Manuela

männlich: Manuel

Träume

Träume sind für mich so ein Rätsel!

Manche Leute träumen ganz einfach, andere träumen ganz verrückte Sachen und dann gibt es noch Leute, die meinen, sie würden nichts träumen, aber eigentlich können sie sich nur nicht erinnern. Geträumt haben sie, träumen tut jeder.

Ich habe gelesen, dass Leute, die sich noch besser an ihre Träume erinnern können, einen „leichteren" Schlaf haben. Das Gehirn muss mindestens 3 Minuten wach sein, um den Traum in der Erinnerung zu speichern. Leute, die sich also nicht erinnern können, haben einen tiefen und festen Schlaf ... Träume sind komisch.

Manchmal habe ich das Gefühl, dass unsere Träume uns beibringen, wie wir in Angstzuständen zu handeln haben.

An einem gewöhnlichen Tag wird man nicht einfach so mal verfolgt. Im Traum hingegen schon. Das heißt, dass wir irgendwo schon das Gefühl haben müssen, wie es ist, verfolgt zu werden.

Vielleicht kann man dann im echten Leben besser einschätzen, ob man gerade tatsächlich verfolgt wird und wie man zunächst am besten handeln sollte.

Regieanweisung:

weiblich: Donjeta
männlich: Lukas

Angst, alt zu werden

Ich bin ehrlich, ich habe wirklich Angst, alt zu werden.
Ich möchte einfach für immer jung bleiben. Ich hab keinen Bock, irgendwann alt zu sein und die ganzen jungen Leute zu sehen und mich an die Zeit zurückzuerinnern, als ich noch jung war und alles viel einfacher und lebendiger war.
Mein Herz klopft immer so schnell, wenn ich daran denke, dass das alles hier irgendwann endet und ich einfach weg bin.

Aber ich werde schon nervös, wenn ich mir nur vorstelle, alt zu sein.
Allein schon der Fakt, dass ich in zehn Jahren Mutter sein könnte, ist ein Schock für mich. Und dann nochmal 20 Jahre und dann sind meine Kinder schon da, wo ich gerade bin. Das geht alles viel zu schnell.

Viel zu schnell.
Ich habe sogar Hoffnung, dass irgendwas gefunden wird, das uns jung hält. Wir werden einfach niemals wieder so jung sein wie jetzt. Scheiße.

Regieanweisung:

weiblich: Katie

männlich: Cem

Überall Handys

Überall, wo ich hingehe, sehe ich nur Menschen mit Handys.
Keiner, der dir auch mal ins Gesicht

schaut oder dir zuhört.

Nein, alle sind in ihrer eigenen Welt.

Die leben alle im Internet. Jeder hier

übersieht, dass das echte Leben hier

passiert.

Ich verstehe nicht mal, wie man so besessen von etwas sein kann. Etwas Virtuellem. Das passiert hier
nicht, das ist in einer zweiten Welt.

Ich stelle mir einen Ball vor mit Elektrofäden, in den die Menschen hineingezogen werden.

Deswegen sind sie auch nicht mehr ansprechbar, sondern völlig abwesend.

Sie können ja alle nichts dafür, man wird da einfach reingezogen und dann steckt man

drin. Und man kann sich nur schwer befreien.

Traurig eigentlich, aber ändern kann man daran auch nicht viel.

Regieanweisung:

weiblich: Evelyn
männlich: Arturo

Definition von Armut?

Wie definiert ihr Armut?

Ist für euch jemand arm, der wenig Materielles besitzt?

Oder ist für euch jemand arm, der einfach charakterlich so schwach ist, dass ihn niemand leiden kann, nicht mal die Person sich selbst.

Ich find es schwer zu entscheiden, ob jemand, der arm ist, direkt

unglücklich ist. Eigentlich ja schon.

Wie will man denn ein glückliches Leben führen, wenn man denselben Alltag immer und immer wieder erleben muss?

Und das mit wenig Geld. Versuchen, einen Tag zu überstehen, und am nächsten Morgen wacht man auf und weiß ganz genau, was wieder auf einen zukommt.

Und Leute, die reich sind, die alles haben, aber auch von jedem Zweiten nur ausgenutzt werden, WEIL die Menschen eben gierig und selbstsüchtig sind UND sich nur für dich freuen können, solange sie noch besser sind als du und noch mehr haben als du.

Das macht doch einen reichen Menschen genauso psychisch fertig wie einen armen Menschen, der ganz andere Sorgen hat.

Regieanweisung:

weiblich: Erblina

männlich: Anton

Tage wieder erleben

Ich habe letzte Nacht geträumt, dass ich mein ganzes Leben notiert habe.

Ich habe eine Art Tagebuch geschrieben und hatte im Traum ein Buch für besondere Tage und ein Buch für neutrale/normale Tage geführt.

Das Komische war, dass ich mich im Traum nie an die Situationen erinnern konnte. Ich weiß auch nicht mehr genau, was da alles drinstand, aber ich weiß, dass ich mich im Traum nicht an die Tage erinnern konnte.

Mir ist dadurch klar geworden, dass ich so viele Erinnerungen „erfrischen" könnte, wenn ich meine Erlebnisse wirklich aufschreiben würde.

Dann wären das keine vergangenen Tage, die irgendwann aus meinen Gedanken verschwinden, sondern Tage, die ich nochmal erleben könnte, wenn ich mir die Texte durchlesen würde.

Und ich könnte die Tage dadurch immer und immer wieder erleben. Oder sagen wir lieber: fühlen.

Regieanweisung:

weiblich: Diellza

männlich: Albin

Wenn man stirbt

Merkt man, dass man stirbt, wenn man stirbt?

Und stimmt es, dass man sein ganzes Leben wie in einem Film vor Augen sieht?

Und wenn man einschläft und dann stirbt, fühlt es sich anders an oder ist man einfach ganz

weg? Es ist so verdammt spannend, aber auch gruselig.

Und was ist denn mit den Leuten, die mal tot waren und wieder ins Leben geholt wurden ...
Manche berichten, sie wären durch einen hellen Tunnel gegangen. Oder über eine Brücke
gelaufen.

Irgendwo hab ich gelesen, dass das Gehirn Sauerstoff verliert und irgendwie deswegen es so scheinen lässt,
als würde man irgendwo durchlaufen, aber zu 100 Prozent kann ich mich auch nicht darauf verlassen.

Ich will einfach nur wissen, wie es sich anfühlt, damit ich keine Angst mehr

haben muss.

Regieanweisung:

weiblich: Diana

männlich: Elvin

Autounfall

Ich hatte gestern einen Autounfall und ich kann nur sagen, dass das alles schneller passiert ist, als ich mir sowas tatsächlich vorgestellt habe.

Ich stelle mir die ganze Zeit die Frage, was passiert wäre, wenn wir einen LKW vor uns gehabt hätten oder ein paar km/h schneller gefahren wären oder uns hinten nochmal jemand reingefahren wäre.

Ich merke in solchen Momenten, wie schnell das Leben einfach vorbei sein kann, und ich erinnere mich auch an den Augenblick, kurz bevor der Unfall passiert ist.

Man realisiert, dass es nicht mehr reicht, und weiß ganz genau, dass man nichts mehr machen

kann. Diese Autos sind wie Waffen.

Wir fahren auf den Straßen, im Wissen, dass nur einer einen kleinen Fehler machen oder auf eine dumme Idee kommen muss, um mehrere Leute zu töten.

Wir können uns selbst verletzen, aber

auch fremde Menschen. Und dann gibt es

Menschen, die Autos als Spielzeuge

betrachten.

Regieanweisung:

weiblich: Sara

männlich: Kaan

Meine größte Angst

Wisst ihr, wovor ich am meisten Angst habe?

Jedes Mal, wenn ich den Bus um 03:48 Uhr nach Hause nehme, bin ich vielleicht mit drei, manchmal auch mit vier anderen Personen alleine darin.

Aber jedes Mal, und wenn ich jedes Mal sage, meine ich auch JEDES MAL, steige ich als Letzte aus.

Und jetzt stellt euch mal vor, ich bin da alleine und der Busfahrer fährt einfach irgendwo hin. Parkt den Bus irgendwo, wo mich keiner so schnell findet, und tötet mich, bevor irgendjemand versucht hat, mich zu retten.

Oder stellt euch vor, er hängt mir ein paar Gewichte an den Körper und lässt mich im nächsten See ertrinken. Das könnte wie Selbstmord aussehen.

Ich bin ja nicht paranoid oder so, aber das könnte passieren. Ich habe sowieso das Gefühl, dass ich verfolgt werde. Und sobald ich mich umdrehe, verstecken sie sich.

Natürlich weiß ich, dass da nicht wirklich jemand ist, aber so fühlt es sich an!

Als Frau muss man in der heutigen Zeit Angst haben, wenn man

alleine draußen ist.

Regieanweisung:

weiblich: Linda

Mörder sein

Der Gedanke, ich müsste einfach nur zulassen, ein Mörder zu sein, macht mir Angst.

Ist doch krass, dass ich einfach nur dazu bereit sein müsste, mir das „Okay" zu geben, und mir danach einfach ein Opfer aussuchen müsste.

Und dann kommt das Ganze mit dem Gewissen vereinbaren usw.

Obwohl, ich glaube, man muss schon ein kranker Fall sein, um sowas zuzulassen.

Ein gesunder Mensch würde doch niemals einfach so mit voller Absicht jemanden töten und dann auchnoch Spaß daran haben.

Deswegen sind Leute, die aufgrund eines Wutanfalls jemanden getötet haben, für mich keine Mörder. Na ja, im Endeffekt zählt, dass die Person das Leben eines Unschuldigen beendet hat, aber viele „Mörder" bereuen doch meistens gleich nach der Tat, was passiert ist.

Das wiederum zeigt, wie dumm die Todesstrafeist.

Die Häftlinge sitzen mindestens zehn Jahre im Knast und warten nur darauf, getötet zu werden. Bis zu dem Zeitpunkt sind das doch keine Mörder mehr, sondern Menschen. Einfach nur Menschen.

Regieanweisung:

weiblich: Chiara

männlich: Gabriel

Wir sind hier nutzlos

Ist euch schon mal klar geworden, dass wir Menschen überhaupt keine Aufgabe auf dieser Welt haben?

Ich war mit meiner Freundin spazieren, da habe ich mich über Wespen beschwert.

Ich meinte, Bienen erfüllen ihren Zweck auf dieser Welt, aber Wespen wären einfach nur da und hätten überhaupt keine Aufgabe. Stimmt ja auch so.

Meine Freundin hat darauf einfach nur geantwortet, dass wir Menschen doch genauso einfach da wären. Einfach so.

Vorher habe ich nie darüber nachgedacht.

Erst in diesem Moment ist mir klar geworden, dass wir für die Welt ja ziemlich nutzlos sind. Wir sind da, leben unser Leben, aber haben im Prinzip keine Aufgabe, wegen der wir hier sind.

Natürlich können wir die Gießkanne auspacken und in trockenen Zeiten unsere Pflanzen „retten", aber trotzdem sind wir nicht ausschlaggebende Lebewesen für die Natur.

Heißt aber umso mehr, dass es einen Grund geben muss, warum wir hier sind.

Regieanweisung:

weiblich: Nicole

männlich: Simon

Pyramiden

Es kann doch nicht sein, dass die Ägypter früher in der Lage waren, Pyramiden zu bauen, die wir heute nicht bauen können.
Das bedeutet, dass die Ägypter vor diesen tausenden Jahren VIEL weiter entwickelt als wir Menschen heute gewesen sein müssten.

Die Ägypter haben mit Granitsteinen gearbeitet, die über 50 Tonnen wogen.

Irgendwie hätten sie diese ja erstens transportieren müssen und zweitens auf einer Höhe von ca. 145 Metern für die Spitze der Pyramide anbringen müssen.

Es wurde ja schon diskutiert, weswegen eine Rampe dafür kein Hilfsmittel gewesen sein konnte. Sie müssten Maschinen gehabt haben, die für das Heben und Ziehen zuständig waren.

Vor dieser Zeit gab es also Maschinen, von denen wir nichts wissen, da bei den Ausgrabungen niemals Indizien für Maschinen gefunden wurden.

Wie kann es sein, dass wir weniger weit entwickelt sind als die Menschen von vor ... keine Ahnung, wie vielen Jahren.

Die Ägypter waren schlauer als wir. Viel schlauer. Sie hatten wahrscheinlich Techniken oder Vorstellungsvermögen, von denen wir nur träumen können.

Regieanweisung:

weiblich: Jana

männlich: Justus

Todesdatum sehen

WIE KRASS WÄRE ES, wenn man das Todesdatum fremder Menschen sehen könnte.

Ich denke nicht, dass ich so eine Kraft haben möchte, aber die Vorstellung ist trotzdem interessant. Ich laufe durch die Gegend und kann sehen, wer wann diese Welt verlässt.

Der Postbote in 7 Jahren.

Die Frau an der Kasse in 2 Jahren.

Und andere vielleicht erst in 80 Jahren. Vielleicht aber auch in ein paar Monaten. Vielleicht könnte ich die Personen warnen und dann das Todesdatum irgendwie manipulieren. Und wenn nicht, wow, das wäre viel zu viel für mich.

Das müsste ich ja irgendwie verarbeiten ... manche Dinge will man gar nicht wissen.

Bei kranken Menschen kann man das manchmal ja einschätzen ... also wie lange sie noch ungefähr leben werden, aber wie krass wäre es denn, wenn man das genaue Datum wüsste. Irgendwie gut, aber irgendwie auch schlecht.

<u>Regieanweisung</u>:

weiblich: Shiva

männlich: Nilay

Polizisten und ihre Macht

Polizisten, die ihre Macht ausnutzen, sind ja auch die ekelhaftesten Leute überhaupt.

Und wisst ihr, was ich ganz und gar nicht verstehen kann?

Ein Polizist verändert sich doch genauso wie jeder andere Mensch auf dieser Welt auch psychisch.

Polizisten sollten nach ein paar Jahren auf jeden Fall nochmal einen Eignungstest machen.

Ich gebe zu, ich könnte diesen harten Job selbst nicht machen.
Als Polizist musst du schon davon ausgehen, auf den Straßen provoziert zu werden, teilweise
auch grundlos, und damit muss man schon umgehen können.

Manche Polizisten werden auch attackiert, damit müssen die genauso rechnen. Das ist denen alles bewusst.

Aber es gibt auch Polizisten, die aus Langeweile ihre Scheiß-Macht ausnutzen, nur weil sie eine
Uniform tragen und meinen, hier und da sich alles erlauben zu können.

Ekelhaft. Wenn die Menschen ihre Augen öffnen, merken sie, dass es Polizeigewalt auch hier in Deutschland
gibt.

Regieanweisung:

weiblich: Nikeata

männlich: Denis

Ich bin nicht rassistisch

Wisst ihr,

ich bin nicht rassistisch. Ich bin selber ausländisch aufgewachsen, wenn man das so sagen darf. Aber was mich ankotzt, ist, wenn, na ja ... wie soll ich das ausdrücken, ohne jetzt falsch zu klingen ... also wenn Ausländer nach Deutschland kommen, aber sich dann nicht aufklären lassen, wie sie sich wirklich hier zu verhalten haben.

Ich verstehe, dass sie eine andere Kultur gelernt haben, aber wenn sie hier leben, müssen sie sich

anpassen. Das müsste ich auch, wenn ich in ein anderes Land ziehe.

Wenn sie meinen, hier Frauen oder auch Männer auf den Straßen belästigen zu können, sind sie am ganz falschen Ort.

Und ich mache bei sowas auch keine Ausnahmen. Wenn mich ein Deutscher belästigt, bekommt er die gleiche Strafe.

Es geht nicht darum, mich jetzt über alles zu beschweren, aber das sind Dinge, die einfach angesprochen werden müssen.

Ich habe mich an die Gesetze zu halten, auch wenn das bedeutet, dass ich ein Stückchen meiner „Freiheit" dafür abgeben muss. Dafür abgeben, damit es mir gut gehen kann und anderen auch.

Regieanweisung:

weiblich: Luana

männlich: Sven

Liebe

Ob man an Liebe auf den ersten Blick glaubt oder nicht, ist jedem selbst überlassen. Aber wer nicht an die wahre Liebe glaubt, ist doch völlig sinnlos auf dieser Welt, oder nicht?

Wenn Liebe nicht der Sinn des Lebens ist, dann weiß ich auch nicht weiter.

Wir kommen auf die Welt und kommen direkt in die Arme der Mutter, wo man zum ersten Mal diese mütterliche Liebe spürt.
Und dann ist es egal, in welcher Lebenssituation man sich befindet. Es geht nur noch um Liebe.
Ob Liebe zwischen Freunden, Liebe zu Tieren,

Liebe zu Hobbys

oder diese wahre Liebe, die man hofft zu treffen. Überall

brauchen wir sie. Sogar auf den Straßen.

Die Welt funktioniert nicht ohne Liebe.

Und so gut wie jeder möchte doch diese eine richtige Person treffen, heiraten, Kinder kriegen und diese Liebe verbreiten.
Alles, was wir brauchen, ist Liebe.

Regieanweisung:

weiblich: Adissa

männlich: Adisa

Etwas hinterlassen

Wenn ich eines Tages mal sterbe, möchte ich

irgendwas hinterlassen. Ich möchte nicht einfach

nur weg sein.

Ich will, dass ein Stück von mir für immer weiterlebt.

Ich möchte die Welt ein kleines Stück zum Besseren verändern oder irgendwas erschaffen, was die Menschen mit meinem Da-Sein verbinden werden.

Ich möchte nicht einfach nur mein Leben leben und weg sein.

Ich will, dass man weiß, dass es mich gegeben hat, dass ich mal wirklich hier war, dass die Menschen spüren, dass es mal mich auf dieser Welt gab.

Und dann kommt mir wieder der Gedanke, dass es doch einfach nur wichtig ist, hier im Jetzt zu leben und jetzt die Dinge zu tun, die einem Spaß machen, und um die Welt zu was Besserem zu machen, es vielleicht völlig ausreicht, einfach nur ein guter Mensch zu sein.

Ein einziger Gedanke muss doch reichen, um die Welt schon positiv oder negativ verändern zu können.

Regieanweisung:

weiblich: Yuna

männlich: Toysun

Bei der Schulpsychologin

Ich weiß doch nicht mal, warum ich hier bin. Mir geht's gut.
Nur weil ich abgesehen von Schule auch ein anderes Leben besitze, heißt es doch nicht gleich, dass ich Probleme habe. Ich mein, wer braucht den Dreck? Englisch. Vielleicht will ich für immer in Deutschland bleiben, könnt ihr doch nicht wissen. Außerdem muss ich doch mein Leben genießen. Wie soll das denn funktionieren, wenn ich jeden Tag lernen muss oder eine Präsentation vorbereiten, und am Ende bekomme ich sowieso eine 4.

Da kann ich es auch gleich lassen und einfach chillen. Oder rausgehen oder vielleicht mal was machen, was Spaß macht! Genau, ich will auch Spaß haben. Ich will doch nicht immer im selben Teufelskreis leben.

Aufstehen, in der Schule rumsitzen und zuhören müssen und dann nach Hause und schlafen. Ich will, statt Hausaufgaben zu machen, mal zur Abwechslung auf Partys gehen und saufen. Einfach mal nicht das tun, was man tun muss, sondern das tun, was man tun will. Halt so wie in Amerika eben! Vielleicht sollte ich nach Amerika ziehen ... Da ist alles viel lockerer! Und hier schicken sie dich sofort zur Schulpsychologin, wenn du einmal betrunken in die Schule kommst. Verklemmtes Land.

Regieanweisung:

(w/m): Kim

Sprache

Ich komme nicht darauf, wie Menschen Sprachen erfunden haben. Oder Wörter. Diese Wörter klingen für uns normal, aber wie kam man auf das Wort „Wort" oder auf „Sonne" oder auf das Wort „Blume"? Das muss doch früher bei den Höhlenmenschen schon entstanden sein. Die wollten sich bestimmt auch verständigen und eines Tages kam irgendeiner auf den Gedanken, „jaman Sonne!" oder „jaman Wolke" oder „jaman Blau", und für uns ist das völlig normal, aber was ist, wenn wir im Unterbewusstsein was anderes mit den Wörtern verbinden und deswegen so viele Meinungsverschiedenheiten haben?

Oder was ist, wenn es bald neue Farben gibt, oder was ist, wenn es schon längst neue Farben gibt, die wir aber mit unseren Augen noch nicht wahrnehmen können? Man kann sich gar keine neue Farbe vorstellen, aber man kann es ja nicht sofort ausschließen. Und jeder, der mir was anderes sagt, hat keine Ahnung vom Leben.

Regieanweisung:

weiblich: Melissa

männlich: Markus

1000 Klassenarbeiten

Wie soll ich das schaffen? Tausend Klassenarbeiten auf einmal ... für was?

Ich lerne irgendeinen Scheiß auswendig, der mich kein bisschen interessiert. Ich vergesse doch sowieso alles. Und das wird dann bewertet. Als ob ich mich wirklich für Geschichte interessiere, nur weil da am Ende eine 1 im Zeugnis steht.

N scheiß! Alles auswendig

gelernt und dann vergessen.

Es ist immer dasselbe.

Man lernt was auswendig, kriegt eine gute Note und vergisst wieder alles. Und Menschen denken dann wirklich, dass man gut in dem Fach ist. Dumm.

Als ob die mein Wissen testen, indem ich es Wochen vorher aufgefrischt habe. Mein aktuelles Wissen in Geschichte wäre jetzt auf 0!

Da verarscht jeder jeden.

Für die Fächer, die mich wirklich interessieren, muss ich doch nicht mal lernen. Da bin ich doch automatisch gut drin. Und dann verarsch ich auch niemanden, weil ich wirklich gut in dem Fach bin.

Was dabei rauskommt?

Man sollte aufhören, für die Fächer zu lernen, die einen sowieso nicht interessieren. 1 hin oder her, am Ende des Tages hilft sie mir sowieso nicht wieder das Wissen zu bekommen, das ich in der vergangenen Zeit über das Thema hatte.

Regieanweisung:

weiblich: Becky

männlich: Adrian

Aufsatz schreiben

Ich muss meinen Aufsatz noch schreiben, aber mir fällt kein einziges Wort ein.

Ich weiß nicht, über welches Thema ich schreiben soll und wie ich anfangen möchte.

Ich könnte einen Text verfassen, warum mir nichts einfällt und wieso mein Kopf plötzlich so leer ist.

Aber keiner kann sich vorstellen, wie anstrengend es gerade für mich ist, auf ein Thema zu kommen, das nicht zu uninteressant ist, aber auch nicht zu kompliziert.

Es gibt so viele Themen, aber mir fallen zu jedem Thema 3, 4 Sätze ein und dann hört meine Hand auf zu schreiben.

Meine Gedanken werden jedes Mal gestohlen, wenn ich versuche kreativ zu sein. Ich möchte doch einfach nur diesen Aufsatz fertig schreiben und dann irgendwas unternehmen oder einfach schlafen gehen.

Regieanweisung:

weiblich: Alicia

männlich: Benny

Codewort Frauengewalt

Habt ihr das mitbekommen mit dem …

Wo Frauen in gewissen Apotheken einen Code nennen müssen, falls ihnen häusliche Gewalt bekannt ist, damit den Frauen dann geholfen wird?

Find die Idee ja ganz schön, aber sie wurde auf ganz Social Media geteilt, da kriegen es die Männer doch auch mit.

Alles schön und gut, aber glaubt ihr, dass Frauen, die sich sonst nie getraut haben, Hilfe zu rufen, sich dann plötzlich trauen?

Vielleicht hat das einen psychischen Hintergrund, weil es ihnen zuerst schwerfällt, das auszusprechen.

„Entschuldigung, mein Mann schlägt mich, können Sie mir bitte helfen?"

Da ist es doch leichter, einen Code zu nennen und zu hoffen, verstanden zu werden.

Viele haben ihre Männer aber sicherlich auch anders kennengelernt und hoffen darauf, dass dieser alte Mensch wieder zurückkommt. Sich ändert.

Und natürlich andersrum genauso. Es sind zwar häufiger Frauen betroffen, aber ebenso auch Männer, denen häusliche Gewalt widerfahren ist.

Ein Alptraum.

Regieanweisung:

weiblich: Fabienne

männlich: Jannis

Gestritten

Gestern hab ich mich mit einer Freundin gestritten.

Der Grund war so unnötig, dass ich sogar vergessen habe, was der Grund

dafür war. Ich weiß nur, dass wir diskutiert haben, und so hat sich alles

hochgeschaukelt.

Komplett unnötig, ich komme nicht einmal darauf, wie unnötig dieser Streit war.

Irgendwann haben wir beide einfach aufgehört zu sprechen. Es ist so komisch, dass ich in dem Moment so sauer auf sie war, und jetzt ist es mir einfach komplett egal.

Sie hätte ja auch einfach nur meine

Meinung akzeptieren können, so schwer

war das ja auch nicht.

Ich hab ja nicht gesagt, dass sie meiner Meinung sein soll, ich wollte nur, dass sie meine akzeptiert.

Das hab ich ihr aber auch gesagt.

Sie wollte ja nicht drauf hören. Ich glaube, ihr war es nur wichtig, sich jetzt in der Diskussion durchzusetzen. Sie hätte auch einfach ganz normal sagen können, dass sie anderer Meinung ist.

Hat sie aber nicht. Und deswegen

haben wir auch gestritten. Aber

wie gesagt, es war komplett

unnötig!

Regieanweisung:

weiblich: Liana

männlich: Besnik

Lehrer sein

Lehrer sein ist der härteste Job, den es gibt. Ich bereue natürlich keine einzige Sekunde, diesen Job gewählt zu haben.

Mit Ausnahmefällen.

Manchmal stellen die Schüler so leichtsinnige Fragen ... auf die muss man erst mal

kommen. Oder ich erkläre ein Thema und kriege mit, dass ein Schüler nicht zuhört.

Wenn ich den Schüler vorher schon darauf hingewiesen habe, dass ich jetzt ein neues Thema erkläre, dann bemühe ich mich doch nicht, die Person nochmals zu warnen. Und dann am Ende versteht natürlich jeder das Thema AUßER diesem einen Schüler, der lieber mit seinen Stiften versucht hat, eine Pyramide zu bauen.

Er hebt die Hand und sagt, dass er es iRgEndWiE nicht verstanden hat.

Wie hätte er denn auch das Thema verstehen können, wenn er mit dem Kopf ganz woanders

war. Und dann erwarten die Schüler ernsthaft, dass ich die Themen nochmals erkläre?

Für jeden immer wieder gerne!

Aber nicht für die Leute, die von Anfang an nicht zuhören wollten! Die wollen es gar nicht verstehen!

Regieanweisung:

weiblich: Frau Asan

männlich: Herr Birke

Egoistisch

Manchmal bin ich so egoistisch und ich liebe es sogar. Ich denke, in Maßen egoistisch zu sein, ist auch völlig okay.

Ich muss ja irgendwie an meine Ziele rankommen, oder?

Wenn ich mich dann nur nach anderen richte, kann das doch nie klappen.

Ich kann auch erst glücklich werden, wenn ich es schaffe, auch mal an mich zu denken und nicht immer an die ganzen anderen Menschen um mich herum.

Wenn ich mich lieber auf die Bank setze, bevor es jemand anderes macht und ich eine halbe Stunde stehen muss, dann ist das doch auch in Ordnung.

Ich hab keine Lust, Dinge zu bereuen, nur weil ich zu sehr an das Wohl der anderen Person gedacht

habe.

Regieanweisung:

weiblich: Alina

männlich: Lavdim

Schlampe

Nein, ich bin keine Schlampe, nur weil ich lieber mit Jungs als mit Mädchen abhänge.

Mädchen sind einfach nervig und heulen wegen jeder Scheiße rum. Denkt ihr etwa, ich hätte die Geduld, mir den ganzen Weiberdreck anzuhören?

Jungs sind einfach chilliger drauf, machen keine dummen Anspielungen und sind nicht direkt beleidigt, nur weil sie nicht derselben Meinung sind.

Natürlich sind nicht alle Mädchen so, aber findet mal in dieser Drecksgegend Mädchen, die wie ich ticken. Kein Wunder, hänge ich nur mit dem anderen Geschlecht ab.

Mir eigentlich auch komplett egal, was die anderen über mich

denken oder reden. Früher hat es mich verletzt, aber heute ist es

mir egal.

Während ich meinen Spaß habe, treffen sich die ganzen Mädchen

in irgendeinem Club und fangen an über andere Menschen zu

lästern.

Wen juckt's bitte, was Hannah so treibt, wie kann man Spaß daran haben, über Menschen zu reden, die man nicht mal kennt?

Regieanweisung:

weiblich: Lea

Heute Nacht

Ich muss morgen so früh aufstehen, aber heute Nacht werde ich wie gestern kein einziges Auge zukriegen. Ich bin einfach wach und finde meine Ruhe nicht.

Ich kann mich von meinen Gedanken nicht lösen und das erschwert es mir,

einzuschlafen. Ich denke über so viele verschiedene Sachen nach.

Dinge, die nicht mal eine große Rolle spielen. Ich finde plötzlich sogar

Wolken interessant.

Wenn ich Musik anmache, kann ich mich nicht auf sie konzentrieren, sondern muss parallel an irgendwas denken.

Es nervt mich. Ich will einfach wie alle anderen zur Ruhe finden können und

schlafen gehen. Irgendwann schlafe ich schon ein, aber es dauert viel zu lange.

Schlafstörungen habe ich sicherlich nicht. Vielleicht sollte ich nur vor dem Schlafengehen meditieren oder irgendwas, was müde macht. Sport oder so.

Regieanweisung:

weiblich: Isabelle

männlich: Nils

Die besten Momente

sind doch die, wenn du mit deiner Freundin unterwegs bist und ihr euch nur mit einem Blick verständigt und sofort anfangt zu lachen.

Wisst ihr, wie lustig es sein kann, fremden Menschen beim Reden zuzuhören?

Sie unterhalten sich ganz normal, jedem Menschen außen rum ist das egal, ABER du und deine Freundin müsst euch natürlich zusammenreißen jetzt nicht laut loszulachen.

Ich muss mich sogar in solchen Momenten zusammenreißen, jetzt nicht zu meiner Freundin zu schauen, weil ich ganz genau weiß, dass sie gerade genau das Gleiche denkt und mich gleich auch anschauen wird. Und dieses Verständigen durch Blicke ist abnormal lustig.

Oder sobald dir „verboten" wird zu lachen, ist automatisch alles am

lustigsten. Im Bus zum Beispiel.

Ich hab mal aus dem Fenster geschaut und musste einfach nur lachen, weil ich einen Baum gesehen habe. Einen Baum. Was komplett Normales, aber in der Situation musste ich einfach lachen, aber hab's mir natürlich verkneifen müssen, damit die Leute nicht denken, ich wäre eine komische Trulla.

Regieanweisung:

weiblich: Yasemin

männlich: Sebastian

Schulsystem

Warum ist das Schulsystem so dumm aufgebaut? Die bringen uns nur unnötigen Bullshit bei, den wir im späteren Leben gar nicht brauchen. Wen juckt's, wie viel Liter in Max Mustermanns Gartenteich passen?

Man verlässt die Schule und hat keine Ahnung vom Leben.

Ethik ist ja ein ziemlich gutes Fach. Da lernt man ja viel über Menschenverhalten und so weiter, aber das Fach hat man ja dann auch nur 1- oder 2-mal die Woche. Bringt mir dann auch nichts. Oder wieso gibt es keine Fächer, in denen man regelmäßig seine Wünsche und Träume anspricht? Es ist doch viel wichtiger herauszufinden, wer wir sind und was wir erzielen wollen. Wenn wir die ganze Zeit mit anderem Schulzeug beschäftigt sind, vergessen wir ja total zu hinterfragen, was wir überhaupt im Leben erreichen wollen.

Das Schulsystem bringt mir vielleicht bei, Englisch zu sprechen, Dinge auszurechnen oder grammatikalisch richtige Sätze zu bilden, aber es bringt mich auch dazu, mich selber zu vergessen. Ich konzentriere mich auf zu viele andere Dinge. Und die Schulzeit soll uns doch prägen und nicht manipulieren. Schließlich verbringen wir dort genug Jahre unseres Lebens.

Regieanweisung:

weiblich: Eridona

männlich: Erik

Zwangsstörung

Manchmal frage ich mich, ob ich eine Zwangsstörung habe.

Jedes Mal, wenn jemand eine Flasche verschließt, muss ich die Flasche nehmen und nochmal nachprüfen, ob sie auch wirklich gut geschlossen wurde, UND MEISTENS WIRD SIE AUCH NICHT ZU 100 % GESCHLOSSEN, aber das ist jetzt erst mal nicht so wichtig!

Und ich hasse es, wenn auf dem Boden irgendwas unregelmäßig erscheint. Ich kann dann nie ganz normal durchlaufen, sondern muss einen großen Bogen darum machen und dann weiterlaufen.

Und manchmal, wenn mein Kleiderschrank auch nur einen Spalt weit geöffnet ist, MUSS ich ihn richtig schließen. Ich könnte sonst niemals friedlich schlafen gehen.

Ich weiß, Zwangsstörungen sind deutlich schlimmer, aber es kann ja sein, dass ich eine ganz, ganz, ganz leichte Störung habe.

Aber es steht schon mal fest, dass ich einfach komisch bin. Vielleicht ist das auch die einzige Störung, die ich habe.

<u>Regieanweisung</u>:

weiblich: Fletza

männlich: Julian

Hilfestellungen, damit das Einfühlen in die Rolle besonders gut gelingt

Auf dieser Seite erfährst du, auf welche Dinge du achten solltest, damit die schauspielerische Umsetzung der Texte realistisch wird. Nachdem du den Text richtig, ohne falsche Pausen, gelernt hast, wird es Zeit, die Texte zu vertiefen. In welcher Verfassung befindet sich deine Rolle? Ist die Rolle wütend, traurig oder glücklich? Verschaffe dir Klarheit darüber, was deine Rolle mit dem Text aussagen möchte, um so die richtigen Betonungen zu finden. Achte darauf, dass du richtige Pausen setzt, sonst kann es vorkommen, dass die Sätze komplett verloren gehen und auswendig gelernt klingen. Nimm deine Atmung mit. Wenn wir aufgeregt sind, atmen wir anders, als wenn wir entspannt sind. Wenn deine Rolle eine Denkpause macht, dann lass sie auch denken. Probiere dich ruhig mit der Geschwindigkeit aus. Sprich den Text mal langsam, mal schneller. Du wirst schnell herausfinden, wie die Sätze besser klingen, je nachdem, was du ausdrücken möchtest. Versuch dir auch vorzustellen, wo sich die Rolle gerade befindet. Zuhause, in der Schule, im Garten etc…? In meinen Texten ist selten ein Ort vorgegeben, also bist du auch in diesem Punkt frei.

Das Besondere an den Texten ist, dass sie keine konkreten Vorgaben haben. Du kannst vieles frei bestimmen und deiner Kreativität somit freien Lauf lassen.

Ich hoffe, dass ich dir ein kleines Stückchen helfen konnte, und freue mich schon auf dein Endergebnis!

Meine Hilfestellung basiert auf den Techniken des BTN-Stimmigkeitsprinzips von Martin Leitzinger.

Nun wünsche ich dir viel Spaß mit der Umsetzung der Texte. Wenn du Lust hast, schicke mir gerne eine deiner Versionen. Ich freue mich auf jede Form der kreativen Umsetzung. Let´s play!

Danksagung

Ich sitze in meinem Zimmer und weiß nicht, wie ich am besten eine Danksagung für meinen Coach Martin Leitzinger schreibe. Es steht schon mal fest, dass ich ihm dieses Buch widmen möchte.

Aber wie bedanke ich mich am besten bei jemandem, der immer wieder das Beste aus mir herausholt und mich bis zu meinen Limits pusht? Keeeiiine Ahnung.

Ich wollte mich schon öfter bei ihm mal so richtig bedanken. Hab ich aber noch nie. Wahrscheinlich, weil ich sonst emotional werden würde, und wenn mein Coach nicht gerade in derselben mood ist, kommen die ganzen vibes nicht so rüber wie in so einer besonderen Situation. Deswegen nutze ich dafür mein erstes richtiges Projekt und bedanke mich hier bei Herrn Leitzinger für alles:

Danke, dass Sie mehr an mich glauben als ich teilweise an mich selbst. Sie helfen mir nicht nur, meine künstlerische Seite zu stärken, und machen nicht nur Ihren Job, sondern Sie sind da und zeigen, wie die Welt wirklich aussieht und wie wichtig es ist, immer sein Ding durchzuziehen. Ob es Ihnen bewusst ist oder nicht, Sie haben mir gezeigt, dass es nie darum geht, was andere sagen, sondern nur darum, wie viel man (auf)geben möchte, um dort hinzukommen, wo man sich in seinen Träumen sieht.

Das Buch ist mein erstes richtiges Projekt und ich weiß, dass das erst der Anfang ist. Ich weiß, dass ich noch mehr geben werde, weil Sie alles aus mir herausholen können.

Ich freue mich auf die Zukunft und bin unendlich dankbar, dass ich diese stückchenweise mit Ihnen gestalten darf.

Ein großer Dank geht natürlich auch an meine Eltern, die mich bei meinen Träumen unterstützen. Vor allem finanziell.

Und an dieser Stelle noch ein Shoutout an meine Schwestern, Freunde und an alle, die sich das Buch gekauft haben:

Ihr seid wahre Motherfucker. Ich küss euer Herz.

Auf viele weitere Projekte,

Nesa

Impressum

Bibliografische Information der Deutschen
Nationalbibliothek: Die Deutsche Nationalbibliothek
verzeichnet diese Publikation in der Deutschen
Nationalbibliografie; detaillierte bibliografische Daten
sind im Internet über dnb.dnb.de abrufbar.

© 2021 Nesa Krasniqi
Herstellung und Verlag: BoD – Books on Demand,
Norderstedt
ISBN: 978-3-7526-9012-5